CONSELHOS DE UM LÍDER BEM-SUCEDIDO

Seguir bons conselhos é o segredo do sucesso

Coordenação editorial e projeto gráfico: Magno Paganelli
Revisão: Izaldil Tavares
1ª Edição: outubro / 2020

Edição do Autor

Sobre o autor

Há pessoas que, em situações adversas, só veem problemas, outras, porém, veem as oportunidades. Em nossa vida, as crises são inevitáveis e a maioria das pessoas só veem as dificuldades, mas as pessoas sábias enxergam além e veem as oportunidades.

Vivi a minha infância e juventude em uma cidade grande, capital de um dos estados do Nordeste. Ao completar 18 anos fiz um concurso para um banco federal regional, que havia sido criado havia poucos anos. Fui designado para uma cidade do interior do estado cujo índice de violência, naquele tempo, era um dos maiores do Brasil. Meus amigos ficaram triste por eu ter que me mudar para aquela cidade e só chegavam perto de mim para lamentar. Um amigo de infância, que já havia trabalhado em uma agência pequena, no interior do estado, foi o único que me deu uma palavra de ânimo e um conselho sábio. Ele me disse: "Todos estão lamentando pelo fato de você ter sido nomeado para aquela cidade. É melhor iniciar no Banco em uma agência pequena do que nas agências grandes da Capital. Em uma agência grande, você é colocado em um setor e só aprende um serviço, por isso você não consegue crescer dentro da instituição. Em uma agência pequena você tem oportunidade de trabalhar em vários setores e isso vai lhe ajudar a crescer no banco. Aproveite a oportunidade que você está tendo. Faça sempre mais do que o que esperam de você. Quando acabar as suas tarefas, ajude seus colegas que estão com serviços atrasados. Com isso você irá aprendendo novos serviços. Procure trabalhar no máximo de setores que você puder porque a aprendizagem de vários serviços vai ajudá-lo em sua carreira profissional.

Vi que havia sabedoria naquelas palavras e procurei seguir os seus conselhos. Ganhei o respeito dos colegas e a admiração de meus superiores. Em pouco mais de um ano fui nomeado para uma das chefias da agência e em pouco tempo estava assumindo a gerência da agência.

O sábio conselho daquele jovem foi essencial e me acompanhou durante toda a minha vida profissional. Poucos anos depois, fui transferido para a Sede do Banco e a experiência adquirida naquela pequena agência do interior, ajudou-me a crescer profissionalmente, de forma que em pouco tempo ascendi ao cargo mais alto que um funcionário de carreira poderia ocupar naquele Banco.

A experiência adquirida durante os 30 anos de serviços prestados àquele Banco, me capacitou para exercer a profissão de consultor empresarial e para assumir cargos de direção em outras empresas, tendo inclusive assumido a Presidência de uma grande empresa estadual de informática.

Como líder eclesiástico e chefe de uma grande família de oito filhos, tive a oportunidade de trabalhar como conselheiro de diversos grupos, principalmente de jovens e de casais,

Enquanto participei de uma grande agência missionária, passei alguns anos em países da Ásia e publiquei o livro "Os trabalhadores da última hora".

Sumário

Introdução

Existe um velho ditado popular que diz: "Quem não ouve conselho, raras vezes acerta". O sábio rei Salomão, há 3.000 anos, já dizia: "Procure bons conselhos e você terá sucesso".

Este livro conta a história de uma jovem, que, em sua adolescência, conheceu um senhor respeitável com uma larga experiência de vida pessoal e profissional, do qual se aproximou e procurou ajuda nos momentos difíceis de sua vida, tanto privada como profissional. Os sábios conselhos desse homem ajudaram-na a melhorar seus relacionamentos interpessoais e a amadurecer pessoal e profissionalmente, tornando-a uma jovem empresária bem sucedida.

Muitas pessoas adultas se tornam pessoas imaturas, presas a um passado que não volta mais. Essas pessoas, por não conseguirem perdoar as ofensas que receberam no passado, tornam-se imaturas, instáveis emocionalmente e de difícil relacionamento. Os prudentes ensinamentos desse homem experiente ajudaram-na a fugir dessa armadilha e a crescer emocional e socialmente.

Seus conselhos sobre o verdadeiro amor aos que nos rodeiam ajudou-a a se relacionar melhor com os familiares, amigos e empregados, ampliando sua rede de relacionamentos pessoais e profissionais. Essas orientações ajudaram-na a desenvolver o seu negócio e a tornar-se uma empresária bem sucedida ainda em sua mocidade.

1. O verdadeiro amor não se compra nem se vende

Amor é o fruto daquilo que semeamos e cultivamos

Numa tarde ensolarada, eu estava em minha sala, tomando um cafezinho, como de costume, quando alguém bateu à porta. Uma senhora bonita, elegante, bem vestida, estava à minha frente. A princípio, não a reconheci. Ela estava mais bonita e muito elegante; mas, olhando atentamente, notei que era Karine, que eu conhecera, há alguns anos, quando ela ainda era adolescente.

Após nos cumprimentarmos, ela disse:

– Estou com um problema, já tentei várias soluções, mas nada funcionou. Então, me lembrei que você me ajudou bastante quando eu era adolescente.

– E o que a está incomodando? – perguntei.

– Como você pode ver – continuou ela – eu hoje sou uma mulher bem-sucedida. Concluí meu curso superior, montei uma empresa, trabalhei duro; hoje já posso dizer que tenho tudo o que preciso.

– Se é assim, então, o que a preocupa tanto? Você venceu, conquistou o seu espaço na vida...

– É verdade. Se eu quero um carro novo, eu posso ir a uma concessionária e comprá-lo. Se desejo ir a Londres, é só comprar a passagem e voar; mas é como se faltasse algo dentro de mim. Você me disse para nunca fechar o meu coração para as pessoas, e isso eu aprendi e tenho praticado. Meu coração está aberto para as pessoas, mas, apesar disso, eu hoje me sinto só. Meus amigos seguiram cada um o seu caminho, meus parentes estão muito ocupados em *tocar* as suas vidas, até a minha irmã, que eu tanto amo, faz tempo que não a vejo. Eu sinto um vazio dentro de mim, que não consigo preencher com vestidos, perfumes, joias ou qualquer outro bem material. Eu segui a regra e sempre deixei a porta aberta, então, por que essa sensação de abandono e solidão?

– Você não acha que essa falta que você sente dentro de si é a falta de amor? - perguntei.

– É, pode ser. Eu já tive alguns namorados, porém, nada deu certo. Notei que alguns deles só estavam interessados em meu dinheiro e terminei o namoro.

– O amor de marido e mulher é muito importante, mas eu não estou falando desse tipo de amor. Isso virá a seu tempo.

– Se não é o amor de um homem por uma mulher, então, de que tipo de amor você está falando? - perguntou ela.

– Você já ouviu falar que Deus é amor?

– Sim, eu já ouvi essa afirmação.

– Pois é, o amor é a essência de Deus e nós fomos criados à sua imagem e semelhança. Para Deus, amar a cada um de nós é algo natural, faz parte de sua própria natureza, e nós fomos criados para amar a Deus e amarmos uns aos outros. Estou falando do amor pelas pessoas que a rodeiam que estão próximas a você.

– Ah! E como eu posso ser amada por essas pessoas? - perguntou Karine.

– Não se trata de você ser amada pelas pessoas, mas de você amá-las. Você conhece a lei da semeadura? – perguntei.

– Sim, conheço. Não é aquela que diz que tudo quanto nós plantarmos é isso mesmo que vamos colher?

– Exatamente! É isso mesmo! Se você plantar flores, você vai colher flores, se plantar árvores frutíferas, você vai colher frutas; porém, se você plantar espinheiros, você vai colher espinhos.

– O que é que você mais necessita, no momento? - emendei.

– Eu sinto uma necessidade enorme de atenção, de carinho, enfim, do amor das pessoas.

– Então – respondi – vá e procure ajudar as pessoas ao seu redor. Semeie muito amor, que você vai colhê-lo com abundância.

Ela sorriu com aquele sorriso aberto e sincero, que ilumina todo o rosto, e me disse:

– É muito bom falar com você. Agora estou aliviada. Vou fazer o que você me disse. Creio que vai dar tudo certo.

Abraçou-me, despediu-se e, por alguns meses, não tive notícias dela.

Uma noite, eu estava em casa, lendo um bom livro, quando o telefone tocou.

Mas esta é outra história. Conversaremos sobre isso depois.

2. Amar é envolver-se com as pessoas

É sentir as suas necessidades e ajudá-las naquilo de que necessitam

Uma noite, eu estava em casa, lendo um bom livro, quando o telefone tocou. Era Karine:

– Não funciona! – ela me falou. Fiz o que você me disse e, agora, continuo com uma carência enorme de amor, e as pessoas só me procuram por interesse. Posso ir aí, neste final de semana?

– Meu sábado à tarde está livre, se você...

– Sábado está ótimo – ela interrompeu – estarei aí, à tarde.

Era uma tarde ensolarada, mas de temperatura agradável. Havia chovido pela manhã e uma brisa refrescante enchia o ambiente, quando Karine chegou em minha casa. Ela sentou-se confortavelmente em uma poltrona e começamos a conversar.

– Então, Karine, o que não funcionou? – perguntei curioso.

– Você me disse para semear o amor.

– É verdade – interrompi.

– Pois é, voltei à minha cidade e notei que, na comunidade cristã que frequento todos os domingos, havia algumas pessoas carentes e muitas crianças. Fui a um supermercado, comprei várias cestas básicas e muitos bombons e chocolates. Agora, todo mês eu distribuo cestas básicas e bombons aos carentes. Você precisa ver a alegria daquele povo. É uma festa!

– Então, o que está errado? - perguntei.

– O problema é que eu continuo me sentindo solitária e não amada. No mês passado eu adoeci, passei quase quinze dias de cama e não pude ir à comunidade, para distribuir as cestas básicas. Ninguém me visitou, nem ao menos telefonou. Quando voltei à comunidade, depois de quase um mês ausente, o que eu ouvi foram reclamações de pessoas zangadas, porque não tinham recebido a cesta básica. Ninguém se preocupou comigo, nem com a minha saúde. Sinto que as pessoas só estão interessadas no meu dinheiro, naquilo que eu posso dar para elas.

– Eu creio que não fui muito claro, quando lhe falei que você precisava semear o amor para colher amor. Amor não se compra nem se vende. Amor é o fruto daquilo que semeamos e cultivamos. Parece que as pessoas que você tentou ajudar estavam interessadas somente naquilo que você podia dar a elas. A coisa não funciona assim. O amor requer que você se envolva com as pessoas, que identifique suas reais necessidades, para depois supri-las. Umas podem precisar de alimento ou outro bem material, mas outras precisam apenas de atenção, de carinho ou de uma palavra amiga. Você já ouviu alguém dizer que "ainda que eu distribua todos os meus bens com os pobres, se não tiver amor, isso de nada me adiantaria"?

– Foi o apóstolo Paulo quem disse isso, não foi? – perguntou ela.

– Isso mesmo – respondi – Paulo, em sua Primeira Carta aos Coríntios, descreveu de maneira clara o tipo de amor que devemos ter para com as pessoas que nos rodeiam. Primeiramente, eu deveria ter-lhe explicado melhor o que é o amor. Existem vários tipos de amor: o amor de um homem por uma mulher, o amor entre amigos, o amor entre familiares e o amor incondicional, como o amor de Deus para conosco, que é o mesmo que Ele quer que tenhamos para com o nosso próximo. Esse amor independe da outra pessoa, se ela é boa ou má para conosco. Foi por isso que Jesus nos instruiu a amarmos até os nossos inimigos. Esse amor não é uma emoção é uma decisão; muito embora possamos sentir uma alegria interior muito grande, quando praticamos o amor e vemos os resultados.

– Se amor não é uma emoção, então, o que é o amor? – perguntou ela.

– O amor que Deus espera de nós não é um sentimento, é uma decisão, uma escolha. Eu decido amar; eu escolho fazer o que for necessário para o bem das pessoas, mesmo que elas não mereçam, porque Deus me amou primeiro e quer que eu as ame. Pensamos: "Eu vou fazer isso para o meu Deus, que me ama, apesar dos meus defeitos e fraquezas". Não esperamos das pessoas nenhum reconhecimento, recompensa ou retribuição. Deus, que tudo vê, é quem irá nos recompensar. Essa é a lei da semeadura: o que o homem semear, isso mesmo ele colherá.

– Eu não entendia como poderíamos amar o nosso inimigo – disse Karine – mas, visto dessa forma, fazendo as coisas para Deus, não para os homens, torna-se mais fácil fazer o bem às pessoas que nos prejudicaram.

– A definição mais simples e objetiva de amor que eu já vi – continuei – é aquela que diz: *amar é fazer às pessoas aquilo que eu gostaria de que os outros fizessem por mim*. É colocarmo-nos no lugar da outra pessoa e perguntar a nós mesmos: "Se eu estivesse nessa situação, o que eu gostaria que alguém fizesse por mim?".

Amar é estar atento às necessidades das pessoas que nos rodeiam e fazer alguma coisa para o bem delas. É deixar de nos preocuparmos apenas conosco, com os nossos problemas, e nos comprometermos com a dor, tristeza, solidão e necessidade das pessoas que nos rodeiam. É fazer o que estiver ao nosso alcance para proporcionar o bem, o crescimento, a melhoria contínua daqueles que nos rodeiam.

– Para mim está claro que amar é identificar a necessidade de uma pessoa e fazer alguma coisa para suprir essa necessidade, mas, na prática, como é que isso funciona? – perguntou ela.

– Você já ouviu falar das cinco linguagens do amor?

– Não, o que é isso?

– O Dr. Gary Chapman, conselheiro de casais, autor de vários livros, em sua obra "As Cinco Linguagens do Amor", diz que há cinco formas pelas quais nós podemos demonstrar nosso amor pelas pessoas; essas formas são: palavras de afirmação, presentes, atos de serviço, tempo de qualidade e o toque físico.

– Você poderia explicar melhor essas linguagens do amor? – ela perguntou.

– Posso sim, mas já está tarde e, se você concordar, poderemos conversar sobre este assunto amanhã, à tarde.

– Pode ser amanhã, às 14 horas? – perguntou Karine.

– Perfeitamente! – respondi.

3. Quem ama surpreende

Faz sempre além do que as pessoas esperam

Karine retornou na tarde seguinte, e continuamos a conversa.

– Como eu estava dizendo ontem – continuei – o Dr. Gary Chapman em seu livro "As Cinco Linguagens do Amor", diz que há cinco formas pelas quais nós podemos demonstrar nosso amor pelas pessoas, essas formas são: palavras de afirmação, presentes, atos de serviço, tempo de qualidade e o toque físico.

– Você poderia explicar melhor cada uma dessas linguagens do amor? – ela perguntou.

– Eu diria que amar é fazer algo para alegrar o coração de outra pessoa, através de uma ou mais dessas cinco formas de expressão:

Primeiro – elogiar e incentivar a pessoa a crescer (palavras de afirmação);

Segundo – doar algo de que a pessoa necessite (presentes);

Terceiro – fazer algo pela pessoa que exija seu esforço físico, como lavar a louça, preparar uma comida de que a pessoa gosta etc. (atos de serviço);

Quarto – gastar tempo com a pessoa; isto é, parar para ouvi-la com atenção; parar para brincar com uma criança; sair para passear, ir ao cinema ou ao teatro com a filha adolescente (tempo de qualidade);

Quinto – sorrir, tocar no ombro, abraçar (toque físico).

– Creio que você vai poder entender melhor as linguagens do amor, se eu lhe contar a história de uma adolescente, chamada Amanda, que eu ouvi há algum tempo.

Ela morava em uma cidadezinha do interior, muito pacata e tranquila. Naquela cidade havia uma senhora idosa, pobre, a qual todos os dias passava pela rua de Amanda, em direção à igreja. As crianças da rua não gostavam dela. Diziam que ela era uma bruxa e que, se uma criança implicasse com aquela senhora, ela faria uma bruxaria e a criança poderia adoecer, e até mesmo morrer. Amanda não acreditava nessa história. Achava que alguém tinha inventado isso, para que as crianças não implicassem com a pobre velhinha. Um dia, Amanda notou que aquela senhora idosa não passava em sua rua como de costume, já fazia alguns dias. Soube, então, que a pobre senhora havia adoecido. Como ela morava perto de sua casa, Amanda resolveu ir visitá-la. Falou com a mãe, e ela aprovou a boa ação da garota. A garota pediu algumas frutas e logo saiu para visitar aquela pobre senhora. Chegando a sua casa, ela disse:

– Bom dia! Eu moro aqui perto. Soube que a senhora estava doente, e vim visitá-la. Trouxe algumas frutas, pois sei que, quando nós estamos doentes, não temos vontade de nos alimentar, e as frutas nos fazem muito bem.

Amanda sentou-se e conversou durante um bom tempo com aquela senhora. A idosa adorou ter alguém para compartilhar um pouco de sua experiência de vida. Amanda já estava para se despedir, quando notou a louça suja na pia da cozinha. Certamente, a doença não permitia que aquela senhora executasse as tarefas normais da casa. Amanda, então, perguntou:

– Posso lavar a sua louça?

– Não precisa – respondeu a velha senhora – quando eu melhorar um pouquinho eu vou lavá-la.

– Mas a senhora pode piorar, se for fazer esse serviço. Eu posso fazer isso para a senhora, rapidinho.

Ela, então, pegou a esponja e o detergente, lavou toda a louça e pôs para secar. Varreu, passou um pano na casa e procurou arrumá-la da melhor maneira possível. Aquela senhora, emocionada com a atitude da garota, disse:

– Minha filha, desde que eu adoeci, não tenho tido condições de limpar a minha casa, não sei como lhe agradecer.

– A senhora não precisa me agradecer. Eu me alegro em poder fazer algo para ajudá-la, mas eu preciso voltar para casa agora. Gostei muito da senhora! A senhora é uma pessoa sábia e experiente. Tenho muito a aprender com a senhora.

Amanda se despediu, abraçou a velha senhora, e retornou para sua casa.

Karine, que ouvia atentamente a história de Amanda, falou:

– Posso ver claramente nessa história como Amanda aplicou as cinco linguagens do amor:

- Ela levou frutas para a senhora idosa, ela percebeu que é algo que as pessoas doentes necessitam para sua alimentação, o que caracteriza a linguagem dos **presentes**;

- Amanda sentou-se e ouviu atentamente as experiências daquela senhora, portanto, ela dedicou **tempo de qualidade**;
- Por iniciativa própria, ela lavou a louça e arrumou a casa, usando assim a linguagem dos **atos de serviço**;
- Amanda elogiou aquela senhora, reconhecendo a sua experiência e sabedoria, e, dessa forma, usou as **palavras de afirmação**;
- Finalmente, ao se despedir, ela abraçou a velha senhora, portanto, ela usou a linguagem do **toque físico**.

– Vejo que você aprendeu bem a lição. Nem sempre temos a oportunidade, ou mesmo a necessidade, de usar todas as cinco linguagens do amor para com a mesma pessoa. Mas o importante é estarmos atentos às necessidades daqueles que cruzam o nosso caminho diariamente. Se a autoestima de nossa amiga não está muito boa, podemos procurar coisas positivas nela, para elogiarmos, a fim de que ela se sinta melhor. Se o nosso amigo está triste, talvez, ele precise de que dediquemos algum tempo para ouvi-lo e ajudá-lo em suas dificuldades. Se, no trabalho, a faxineira está passando por dificuldades, porque o marido adoeceu e não consegue trabalhar, podemos ajudá-la com uma cesta básica. O importante é estarmos atentos para as necessidades de uma pessoa e procurarmos surpreendê-la, fazendo o que ela desejaria que alguém lhe fizesse e, se possível, fazer além do que ela espera de nós; um pouco mais. Se fizermos sempre o que as pessoas não esperam, ou mais do que o que elas esperam, vamos surpreendê-las e isso trará alegria ao coração delas. Se assim o fizermos, distribuiremos pequenas porções de felicidade. Dessa forma, semeando o amor, colheremos os frutos desse nosso trabalho no devido tempo.

4. A única pessoa que eu consigo mudar sou eu mesmo

Se eu mudar, o mundo ao meu redor não será o mesmo

Começava a escurecer, e Karine precisava voltar para casa. Ela então me disse:

– Creio que já entendi como semear e cultivar o amor. Vou voltar para casa e aplicar os conceitos que aprendi com você nesta tarde. Se eu tiver alguma dúvida, posso telefonar?

– Fique à vontade. Pode telefonar, quando você quiser.

Ela se despediu, partiu e, por um bom tempo, não tive notícias de Karine, até que um dia ela me telefonou:

– Preciso lhe contar o que aconteceu.

– O que foi que aconteceu? - perguntei.

– Mudanças incríveis, mas não dá para contar pelo telefone. Posso ir aí, neste final de semana?

– Neste sábado, vou precisar sair; mas, no domingo, estarei disponível. Pode ser neste domingo?

– Combinado, então. Estarei aí, no domingo pela manhã.

Era uma bela manhã ensolarada, quando Karine chegou. Vinha radiante. Estampada em sua face, podíamos notar a grande alegria que havia em seu coração.

– É incrível. Você não vai acreditar no que aconteceu – foi logo dizendo.

– Estou curioso, conte-me, então! O que aconteceu?

– Depois de nossa última conversa, eu saí daqui decidida a aplicar aquilo que havia aprendido. Chegando em casa, revi os conceitos que você me ensinou, principalmente, aquele que dizia: "Amar é estar atento às necessidades das pessoas que nos rodeiam e fazer alguma coisa para o bem delas. É deixar de nos preocupar apenas conosco, com os nossos problemas, e nos comprometermos com a dor, tristeza, solidão e necessidade das pessoas que nos rodeiam".

– Ainda me sentia mal amada e solitária – continuou – mas resolvi colocar de lado os meus problemas e comecei a ficar atenta para as necessidades das pessoas que me rodeavam. Quando Ângela, minha diarista, chegou para fazer a faxina em meu apartamento, notei que ela estava calada, com um ar de preocupação. Então perguntei:

– Como você está Ângela, tudo bem?

– Tudo bem! – ela me respondeu.

Antes eu me contentava com esse tipo de resposta formal, mas agora estava decidida a estar atenta às necessidades das pessoas, para poder ajudá-las no que fosse possível. Assim, em vez de dar as costas e sair para o trabalho, como sempre fazia, resolvi insistir:

– Não, não está; o seu rosto demonstra preocupação. O que aconteceu?

Ela, diante da minha insistência, resolveu abrir seu coração e me disse:

– Meu marido, que é autônomo, adoeceu e o médico receitou um antibiótico e outros medicamentos, mas no posto de saúde não tinha o antibiótico, que é o mais caro. Ele voltou ao médico para que trocasse a prescrição do medicamento, mas o médico disse que aquele antibiótico era o único que poderia resolver o seu problema. Ele voltou para casa sem o remédio e hoje amanheceu pior. Não sei o que fazer, preciso arranjar R$130,00 emprestados, para ir pagando aos poucos com a diária que recebo".

– Abri a bolsa, tirei R$200,00 e lhe disse: "Pegue esses R$200,00, compre o remédio de seu marido, e, com o troco, vá a um supermercado e compre algumas frutas e outros alimentos que possam ajudá-lo na recuperação. Quando ele retornar ao trabalho, você pode ir me pagando parceladamente".

– Vi a emoção invadir o coração de Ângela e os seus olhos começarem a brilhar por causa das lágrimas que ela procurava conter. Ela recebeu o dinheiro e me disse: "Obrigada! Muito obrigada mesmo! Eu jamais esperava isso da senhora. A senhora me parecia tão fria, tão distante, que eu jamais me atreveria a pedir esse dinheiro emprestado. Mas estou vendo que eu estava enganada, fiz um mau juízo da senhora. A senhora é uma pessoa sensível, que se preocupa com o problema dos outros.

– Saí dali pensando no que tinha acontecido. Na realidade, Ângela não tinha feito um mau juízo de mim. Agora eu podia ver que eu era realmente uma pessoa fria e insensível. Enquanto me dirigia para o trabalho, senti uma grande alegria invadir meu coração. Essa alegria me fez lembrar o que disse o sábio rei Salomão – "Quem trata com bondade os necessitados é feliz" (Pv 14:21, NVI)". Vi que algo havia mudado, não nas pessoas, mas dentro de mim.

– E que lição você pôde tirar desse acontecimento? – perguntei.

– Aprendi que eu não posso mudar as pessoas. A única pessoa no mundo que posso mudar sou eu mesma, e quando eu mudo, as pessoas ao meu redor começam a mudar também. A partir daquele dia, notei que Ângela passou a me tratar com mais atenção, a se preocupar comigo e a fazer tudo para me agradar. E eu, que pensava que ela era uma pessoa fechada e formal, descobri que o problema estava em mim, e não nela.

– Você está certa – interrompi. Se não estivermos satisfeitos com o mundo, se quisermos mudá-lo, devemos mudar primeiro a nós mesmos; com isso, mudaremos o mundo. Para exemplificar melhor, vou contar-lhe uma parábola, que eu ouvi de um amigo:

– Havia uma pequena cidade, no interior do Estado, cujas ruas não eram calçadas, quando o vento soprava, levantava uma poeira escura que sujava as paredes da frente das casas. Como os moradores já não aguentavam mais pintar constantemente suas casas, resolveram pintá-las de uma cor escura, acinzentada, e a cidade ficou conhecida como a "cidade cinzenta". Alguém que não estava satisfeito com a sua casa daquela cor, resolveu quebrar o paradigma e pintou a fachada de sua casa com uma tinta lavável, de cor mais brilhante, que pudesse ser lavada, quando a poeira sujasse.

A sua intenção era somente mudar a cor de sua casa, mas, de certa forma, ele influenciou a população daquela cidadezinha. Alguns vizinhos criticaram a mudança, mas outros se agradaram daquela transformação e pintaram a fachada de suas casas com cores mais alegres. Dentro de algum tempo, quase todas as casas mudaram de cor.

De certo modo, aquele morador, inconformado com a situação, mudou apenas a sua casa, mas a sua atitude, com o tempo, mudou toda a cidade. É sabido que, de algum modo, as cores influenciam o humor das pessoas. O povo daquela cidade, influenciado pela beleza das cores nas casas, passou a andar mais sorridente e alegre e aquela cidade deixou de ser conhecida como "a cidade cinzenta" e passou a ser chamada a "cidade do povo feliz".

Como já dizia o sábio Rei Salomão: "Um olhar amigo alegra o coração; uma boa notícia faz a gente sentir-se bem" (Pv 15:30, NTLH).

– É claro que isso é só uma parábola para exemplificar o poder da mudança pessoal e como a nossa mudança influencia as pessoas ao nosso redor.

– Você tem influenciado positivamente a minha vida, desde a minha adolescência – disse Karine. Ainda tenho muita coisa a contar sobre as mudanças que ocorreram, mas está ficando tarde e eu tenho que voltar. Poderíamos continuar isso amanhã?

Sim, com certeza – respondi.

Karine se despediu e fiquei relembrando aqueles velhos tempos em que eu a conheci.

5. Rememorando a juventude de Karine

Se eu não perdoar os que me ofendem serei prisioneiro da minha própria mágoa

Karine se despediu, e eu fiquei relembrando aqueles velhos tempos, quando eu a conheci. Ela era uma garota bonita, esperta, sorridente, que sabia encantar as pessoas. Ela viera de uma cidade menor, para estudar na cidade grande. Morava com uma tia, em um casarão antigo, mas bem cuidado, rodeado de plantas e flores. Sua tia abrigava alguns parentes que vinham para estudar ou trabalhar.

Sempre que passava por minha casa, Karine, com aquele sorriso aberto, parava para conversar sobre a sua vida, seus planos para o futuro, seus anseios, seus sonhos. Era uma pessoa alegre, que amava a vida e estava disposta a tudo para conquistá-la.

Um dia vi Karine, descendo a rua, com um aspecto que eu nunca havia visto: cabisbaixa, seu corpo estava contraído, quase como um animal que se prepara para atacar. Seu sorriso aberto, franco, desaparecera, e dera lugar a uma expressão dura e inflexível. Absorta em seus pensamentos, ela ia passando por mim, sem, pelo menos, cumprimentar-me, quando a interrompi:

– Bom dia, Karine, como você está? Tudo bem com você?

– Sim, está tudo bem, obrigada. – ela me respondeu educadamente.

Pensei em deixá-la prosseguir no seu caminho, mas aquilo me incomodou, e resolvi falar:

– Não, Karine, não está! Cadê aquele seu sorriso lindo, aquela sua alegria contagiante, o que aconteceu?

– Com um jeito relutante ela respondeu – Nada, só um probleminha que eu tive lá em casa, com minha tia, mas está tudo bem.

– Por favor, me conte, que probleminha foi esse? – insisti.

Ela, então, resolveu parar e abrir o seu coração.

– É que algumas pessoas maldosas da minha escola mentiram sobre mim, e eu contava com a minha tia, para me defender, mas ela não confiou em mim, e preferiu acreditar na história desse povo mentiroso, e me proibiu de sair sozinha à noite.

Procurei acalmar Karine. Disse-lhe que acreditava nela, que a verdade sempre prevalecia, que, mais cedo ou mais tarde, toda a verdade viria à tona e os mentirosos é que ficariam envergonhados.

– Mas, não tem problema – prosseguiu ela – estamos no final do ano, e, no próximo ano, minha mãe já decidiu que eu irei morar com outra tia na Capital. Ela vai ver. Nunca mais eu vou voltar aqui!

Ao vê-la tão magoada com sua tia, fiquei preocupado e temi que ela carregasse esse sentimento pelo resto da vida, acarretando consequências desastrosas para o seu futuro. Temi que aquela garota linda, sorridente, cheia de vida, desse lugar a uma mulher triste, amargurada e sem esperança. Resolvi, então, falar-lhe:

– Karine, para a sua felicidade, sempre que você sair de um lugar, nunca feche a porta. Deixe sempre a porta aberta. Você pode precisar voltar, e a porta estará aberta. Sua tia é uma pessoa que a ama. Ela agiu de forma errada, mas a intenção dela era proteger você. Não saia da casa de sua tia desse jeito. Procure-a, abra o seu coração e se reconcilie com ela. Você vai ver que valerá a pena.

Ela se despediu, e não a vi mais por alguns dias. Outro dia, à tardinha, eu a vi, subindo a rua. Ela vinha radiante, com aquela expressão de felicidade no rosto. Cumprimentou-me alegremente, e disse:

– Sabe, eu procurei a minha tia para conversarmos, abri o meu coração, pedi-lhe perdão e voltamos a ficar numa boa. Agora, está tudo bem lá em casa, ela confiou em mim, e já posso sair sozinha à noite.

Naquele ano, não vi mais Karine. No ano seguinte, como ela não apareceu, eu conclui que realmente ela tinha ido estudar na Capital, onde morava a sua outra tia, conforme ela me dissera em nossa breve conversa. Alguns meses depois, soube que Karine estava na cidade. Ela veio me procurar e disse:

– Você não sabe o que aconteceu. Eu fiz o que você me sugeriu. Reconciliei-me com a minha tia, saí da casa dela, mas deixei a porta aberta. Agora eu precisei retornar para resolver algumas coisas. Telefonei para minha tia, expliquei o problema, pedi para ficar alguns dias na casa dela, e, você sabe o que ela me respondeu?

– Não! O que foi que ela lhe disse – respondi curioso.

– Ela me disse que eu tinha saído da casa dela para ir morar com outra tia, portanto, na casa dela não tinha mais lugar para mim. Estou hospedada na casa de uma amiga – afirmou.

De que vale, então, sair e deixar a porta aberta? - perguntou, meio que decepcionada.

– Creio que você não entendeu bem o conselho que ensina a manter aberta a porta do lugar de onde a gente sai. Ao sair de um lugar, nunca devemos fechar a porta, mas sempre deixá-la aberta.

– Não, não entendi. O que significa deixar a porta aberta, então?

– Quando você me procurou, você estava triste, infeliz e amarga. Você havia fechado a porta do seu coração para a sua tia.

– Sim, é verdade! - interrompeu ela.

– Quando eu lhe disse que procurasse a sua tia e abrisse o seu coração, estava sugerindo que você abrisse novamente a porta de seu coração para ela. Você a procurou, se abriu com ela, pediu perdão e perdoou. Seu coração se abriu novamente para a sua tia e o sorriso, a alegria e a beleza retornaram ao seu rosto.

– Ah! Quer dizer que a porta que eu devo conservar sempre aberta é a porta do meu coração?

– Isso mesmo! As pessoas são como flores, podem ter espinhos. Nos nossos relacionamentos com essas pessoas, muitas vezes nos ferimos em seus espinhos. Mas, por causa da dor, do sofrimento decorrente desses ferimentos, não devemos nos retrair e dizer: "Nunca mais eu vou colher flores". Se assim o fizermos, se nos trancarmos, vamos perder a alegria de enfeitarmos a nossa casa, deixarmos o seu interior lindo e alegre com a beleza e o perfume das flores.

– Agora eu entendi. - afirmou ela.

– Nós, muitas vezes – continuei – ao sentirmos a dor da rejeição, da injustiça ou dos maus tratos, pensamos: "Eu nunca mais vou passar por essa situação". E fechamos a porta de nosso coração para a pessoa que nos ofendeu. À medida que vamos sofrendo novas ofensas por parte de outras pessoas, vamos fechando ainda mais a porta de nosso coração, acrescentando à fechadura, novos ferrolhos, trancas, traves, e, por fim, escoramos a porta com objetos grandes e pesados, de tal modo que se torna impossível - para quem estiver do lado de fora - abrir ou até mesmo arrombar a porta.

Porém, existe um problema com essa nossa atitude. Se toda a nossa autoproteção impede a entrada de pessoas indesejáveis, também nos impede de sair. Assim, sem podermos apreciar as flores, o sol, o mar, as estrelas e outras belezas da natureza, aos poucos nos tornamos uma pessoa triste, amarga, infeliz, sem esperança e em profunda solidão, ao ponto de, apesar de estarmos em um ambiente repleto de pessoas ao nosso redor, sentirmos uma solidão imensa no fundo da alma.

– Que bom que você me explicou – ela disse, sorrindo e com os olhos brilhando de felicidade. Eu não tinha pensado nisso. Nunca mais vou fechar o meu coração para qualquer pessoa. Eu vou perdoar às pessoas que me ofenderem, mesmo que elas não reconheçam isso. Eu não quero, jamais, ser uma prisioneira no meu próprio coração.

Durante um bom tempo, fiquei recordando esses fatos da juventude de Karine. Quando terminei de recordá-los, já era muito tarde e resolvi ir dormir, porque, no dia seguinte, Karine voltaria para continuarmos nossa conversa sobre sua experiência com Ângela, sua diarista.

6. Lembra-te do meu nome e terás a minha admiração

Honra o meu nome e terás a minha gratidão

No dia seguinte, Karine voltou e continuamos a conversar sobre a sua experiência com Ângela, a sua diarista, e como o seu relacionamento com ela melhorou, depois que tomara a decisão de se preocupar com as pessoas ao seu redor e estar atenta às suas necessidades. Então, eu lhe perguntei:

– Que outras mudanças ocorreram em sua vida?

– São tantas que eu nem sei por onde começar. Anteriormente, no meu trabalho, sempre que eu chegava à empresa que eu dirigia, às segundas-feiras, eu ia direto para a minha sala, mandava a secretária convocar os gerentes para a reunião semanal de avaliação e planejamento. Quando todos estavam na sala de reuniões, eu entrava, dizia bom dia, e começava a pedir a cada gerente que apresentasse os resultados de sua área. Depois disso, eu apresentava as metas semanais que eu havia estabelecido para cada gerência, agradecia a presença de todos e me retirava.

Certa manhã, eu resolvi mudar a minha forma de tratar os empregados. Ao entrar no prédio, notei, pela primeira vez, que havia um rapaz bem vestido, usando um terno escuro, em pé, na portaria. Ia cumprimentá-lo, chamando-o pelo nome, mas descobri que eu não sabia, sequer, o nome do porteiro de minha empresa! Notei, então, que, com exceção dos gerentes e de minha secretária, eu não sabia o nome de nenhum de meus empregados. Que vergonha, você não acha?!

– Isso acontece com a maioria das pessoas, principalmente com as que ocupam cargos de liderança – respondi.

– Pessoas com quem eu convivia diariamente eram como se fossem invisíveis para mim – continuou Karine. Eu não sabia nada a respeito delas, nem mesmo os seus nomes! Chegando à minha sala, chamei a Érika, minha secretária, e compartilhei com ela o meu problema.

– Érika me disse:

– Eu também tinha essa mesma dificuldade de memorizar o nome das pessoas, mas, no curso de secretariado, aprendi que todo ser humano tem necessidade de aceitação, reconhecimento, estima, valorização e autorrealização.

– Isso é verdade – interrompi – eu mesmo me sinto realizada com o sucesso de meu trabalho, mas sinto a necessidade de ser reconhecida e ser aceita. Enfim, que relação há entre essa necessidade e o nome da pessoa?

– Se você observar bem – respondeu Érika – vai notar que o nome é uma das coisas mais importantes para nós. Meu pai sempre dizia: “O que o homem tem de mais precioso é o seu nome”. Você já ouviu algumas dessas expressões “zelar pelo meu nome”, “não quero jamais ter o meu nome sujo na praça”?

– Sim, já ouvi. Eu mesma zelo para preservar meu bom nome no mundo dos negócios.

– Você sabia que essa tradição é milenar? - perguntou Érika.

– Não, essa eu não sabia.

– Pois é – continuou Erika – Salomão, o homem mais sábio que já existiu, já dizia, há três mil anos atrás: "O bom nome vale mais do que muita riqueza; ser estimado é melhor do que ter prata e ouro”. (Pv 22:1, NTLH). O nome do primeiro homem foi dado por Deus, o seu Criador, que o chamou de Adão, que significa homem criado do barro, uma referência à origem do homem, feito do pó da terra. Adão, por sua vez, deu à sua mulher o nome de Eva, que significa vida, provavelmente se referindo à capacidade de a mulher conceber e dar à luz, sendo ela considerada a mãe de todos os seres humanos.

– Agora, lembrei-me de uma explicação que eu ouvi na comunidade cristã que frequento.

- O nome de uma pessoa é tão importante para a formação de seu caráter e para o seu destino que Abrão, que significa pai exaltado, ao ter um encontro com Deus, teve seu nome mudado de Abrão para Abraão, que significa pai de uma multidão, e é de Abraão que descende todo o povo hebreu, a nação de Israel. Também Jacó, que significa suplantador ou enganador, teve um encontro com Deus, e Ele mudou o seu nome para Israel, que quer dizer "Deus prevalece" ou "aquele que reina ou governa com Deus".

– Mas eu ainda não entendi qual a relação que há entre o nome da pessoa e sua necessidade de ser reconhecida, aceita e valorizada – perguntei.

– Quando a pessoa diz que está zelando pelo seu nome – continuou Érika – na realidade está zelando pelo seu conceito, pela sua imagem junto à sociedade, e, nesse caso, o seu nome e a sua imagem se fundem. Com isso, o nome da pessoa deixa de ser apenas um nome e passa a representar a própria pessoa. Manchar o meu nome é manchar a mim mesma, pois ele representa a minha identidade, e é o meu nome que me distingue das demais pessoas.

É por isso que quando nos dirigimos a uma pessoa, chamando-a pelo seu nome, ela se sente reconhecida e valorizada; porém, quando trocamos seu nome, erramos a pronúncia ou a grafia, ela se sente desprestigiada e tem a sensação de que estamos falando de outra pessoa e não dela.

Certa vez eu fui apresentada a um empresário, dono de uma grande empresa. Quinze dias depois eu o vi em um restaurante, não fui cumprimentá-lo porque pensei: "Certamente ele não se lembrará mais de mim". Qual foi a minha surpresa, quando ele, notando minha presença, veio até onde eu estava e me cumprimentou pelo nome. Até hoje eu admiro aquele homem.

Mas o fato que mais me impressionou, foi a atitude de um colega de faculdade. Ele estava em uma roda de amigos quando uma das moças começou a falar mal de mim. De repente, ele a interrompeu, dizendo que ela não devia falar mal de mim, primeiro, porque eu não estava presente para me defender e, segundo, porque eu não era a pessoa ruim que ela estava pintando. Em seguida, começou a elogiar-me, citando diversas qualidades que eu não valorizava até aquele dia. Ele honrou o meu nome perante os seus amigos e, por isso, eu lhe serei sempre grata.

– Interessante, eu nunca tinha visto a coisa dessa forma – respondi – mas, agora que você me explicou, eu posso ver o quanto eu tenho falhado deixando de reconhecer as pessoas pelo nome. De agora em diante pretendo me dirigir a todos, chamando-os pelo nome, muito embora eu tenha uma dificuldade enorme para memorizar nomes.

– Eu também tinha essa dificuldade – continuou Érika – mas em meu curso recebi algumas orientações bem interessantes que me ajudaram bastante a memorizar o nome das pessoas.

Mas essa também é outra história. Voltaremos a falar sobre isso depois.

7. Colaboradores satisfeitos produzem mais e melhor

A satisfação de nossos colaborador depende em grande parte de nossas atitudes como gestor

Quando Érika disse que havia recebido dicas para memorizar nomes, Karine demonstrou interesse e perguntou:

– Que orientações foram essas? Você poderia me dizer?

– Claro – respondeu Érika. Existem várias dicas, mas as sete mais importantes são:

– Ao ser apresentada a alguém, preste bem atenção no seu nome. Geralmente ouvimos displicentemente, quando as pessoas dizem o seu nome. Se não entendeu direito, não tenha vergonha de pedir que repita ou de perguntar como se escreve. Todos nós gostamos que os outros se interessem por nós e pelo nosso nome;

– Repita mentalmente seu nome várias vezes;

– Durante a conversação, ao dirigir-se à pessoa, mencione o seu nome;

– Faça isso também ao despedir-se, olhando bem para a sua face para fixar bem na memória a imagem da pessoa, associada ao seu nome;

– Procure interessar-se pela pessoa, geralmente nos lembramos das coisas que nos despertam interesse. Se tiver oportunidade, pergunte pelo seu trabalho, formação acadêmica, lugar onde mora, família etc. Observe as suas características físicas: altura, peso, cor da pele, cor dos olhos, dos cabelos etc.;

– Assim que tiver oportunidade, escreva em um papel o nome da pessoa, o lugar onde você a conheceu e as informações anteriores. Releia essas anotações sempre que tiver oportunidade, vendo mentalmente a imagem dela;

– Faça associações. Se a pessoa que você conheceu tem o mesmo nome de um parente, um amigo ou de uma pessoa famosa, imagine as duas juntas em um lugar que lhe seja familiar e visualize as diferenças entre as duas: uma é alta e a outra é baixa, uma é loura e a outra é morena etc.;

– Se o nome não é comum a ninguém que você conhece, crie uma imagem da pessoa em uma situação incomum ou até mesmo absurda. Se você foi apresentada a uma pessoa que se chama Rosa, que está usando um vestido vermelho, imagine essa pessoa segurando uma criança cujo rosto se assemelha a uma rosa;

– O nome mais incomum que já ouvi foi o de uma colega de faculdade, chamada Naudiene. Como memorizar um nome desse? – pensei. Naquele momento me veio uma ideia. Lembrei-me de que o sinônimo de navio é nau. Imaginei a minha nova amiga viajando em um navio incomum, com duas chaminés ligadas uma a outra por uma barra invertida, formando a letra "N". Toda vez que a via na faculdade, eu me lembrava do navio – nau – que havia imaginado com as chaminés em forma da letra "N" e podia cumprimentá-la pelo seu nome – Naudiene;

Depois disso, Karine continuou narrando sua nova experiência na empresa:

– Após essa proveitosa conversa, Érika trouxe-me uma pasta com o registro funcional e a foto de todas as pessoas que trabalhavam na empresa. Coloquei em prática os ensinamentos recebidos de Érika, e, dentro de algum tempo, já estava cumprimentando a todos, chamando-os pelo nome. Mudei totalmente a minha atitude para com o pessoal da empresa. Fiquei atenta para as necessidades das pessoas, procurando, sempre que possível, ajudá-las a crescer, não só profissionalmente, mas também como seres humanos.

– Indubitavelmente, você mudou sua atitude, porém qual foi a reação do pessoal de sua empresa? – perguntei – Houve alguma mudança?

– Você não imagina o tamanho da transformação que ocorreu. As pessoas, quando me viam, sorriam e me cumprimentavam pelo nome. O clima na empresa mudou totalmente. As pessoas começaram a trabalhar com mais satisfação e entusiasmo. As faltas ao trabalho, que antes eram frequentes, caíram significativamente. Hoje, o número de faltas mensais de funcionários é muito inferior à média das demais empresas do ramo.

Mas o maior impacto ocorreu nos resultados e no crescimento da empresa. A qualidade dos nossos produtos melhorou significativamente, os clientes estão mais satisfeitos com nossos produtos e serviços. Tive que contratar novos empregados, para atender ao crescimento da demanda. Agora, preciso contratar um diretor para me ajudar, na área administrativa e financeira, enquanto me dedico mais à área de produção e vendas. O que é que você acha?

– Acho uma excelente ideia! Se você precisar de minha orientação para definir o perfil de seu Diretor Administrativo e Financeira, na próxima semana eu irei ...

Mas essa é outra história. Falarei sobre isso depois.

8. Neste mundo não existe nada totalmente bom, nem totalmente mau, tudo é relativo

Só existe um ser totalmente bom, um ser absoluto, que é Deus

Karine acabara de me falar sobre a grande transformação que ocorrera em sua empresa e de como a empresa havia crescido, ao ponto de ter de contratar novos funcionários. Depois disso, Karine me disse:

– Agora preciso contratar um diretor para me ajudar, cuidando da área administrativa e financeira, enquanto me dedico mais à área de produção e vendas. O que é que você acha?

– Acho uma excelente ideia. Se você precisar de minha orientação para definir o perfil de seu Diretor Administrativo e Financeiro, na próxima semana eu irei a sua cidade para participar de um curso de aperfeiçoamento e poderemos conversar sobre isso.

Karine se despediu e voltou para a sua cidade.

Na semana seguinte, eu fui visitar Karine em seu local de trabalho. Chegando lá, após nos cumprimentarmos, ela me disse:

– Gostaria de que você conhecesse a Lílian, minha Gerente de Produção. Lili, como ela gosta de ser chamada, é uma ótima pessoa: bonita, responsável e eficiente. Tudo quanto ela faz é muito rápido e melhor do que faz a maioria das pessoas. Apesar disso, ela nunca está satisfeita consigo mesma. Ela jamais sorri. Tem a aparência de uma pessoa triste e infeliz. Temo que, no futuro, isso possa prejudicar a sua carreira profissional.

Karine me apresentou a Lílian. Conversamos um pouco sobre o seu trabalho e depois Lílian retornou ao seu setor. Percebi que ela tinha um potencial muito grande e resolvi me aproximar dela. Perguntei a Karine se poderia retornar no dia seguinte, para conversar com a Lílian. Ela concordou; por isso, telefonei para Lílian e perguntei se poderia visitar o seu setor no dia seguinte. Ela aceitou e no outro dia me dirigi ao Setor de Produção da empresa.

Chegando lá, eu a cumprimentei:

– Bom dia, Lili, como você está?

– Estou bem – respondeu com ar de tristeza.

– Seu nome é muito bonito, posso chamá-la de Lílian?

– Eu prefiro que você me chame de Lili.

– Você sabe o que significa o nome Lílian?

– Não, não sei. O que significa?

– Pesquisei na Internet, ontem, e descobri, no site "Origem e significado dos nomes de bebês", que Lílian significa "pura". Também significa "lírio", uma das flores mais bonitas que existe. "Lili", no entanto, significa "monstro mitológico cuja influência é perniciosa para crianças e mulheres".

– Ah! Então me chame de Lili, pois é assim que eu me sinto. Eu não sou bonita, não me sinto uma pessoa pura nem boa, sabe?

– Em que sentido você não se acha uma pessoa boa?

– Sei lá, em todos. Eu tenho um monte de defeitos. Mesmo profissionalmente, embora tenha alcançado algum sucesso, acho que poderia ser melhor.

– No mundo ninguém é perfeito, todos nós temos virtudes e defeitos – argumentei. Perfeito só há um que é Deus.

– Acho que eu já ouvi isso ou li em algum lugar.

– Creio que foi o Senhor Jesus Cristo quem disse, certa feita: "Bom só há um que é Deus" – continuei.

– É isso mesmo – assentiu Lílian.

– No mundo, tudo é relativo – continuei – nada é perfeito, nem as pessoas, nem as coisas, tudo tem suas vantagens e desvantagens, pontos fortes e pontos fracos, virtudes e defeitos. Tudo depende de nós, da ênfase que damos às coisas. Podemos valorizar o lado bom ou o lado ruim.

Certa vez, quando eu era jovem, alguém me deu um abacate. Era um abacate muito grande e parecia delicioso. Como ainda não estava maduro, guardei-o e quando o procurei para comer, alguém o tinha derrubado no chão e ele estava com um lado amassado. Devido à pancada, já estava com a polpa escura, quase podre. A minha primeira reação foi pensar que não prestava mais para ser comido. Quando ia jogá-lo no lixo, olhei melhor, e vi que aquela era uma fruta excepcionalmente grande e parecia mais saborosa do que as demais. Lembrei-me que a polpa e a casca dariam um excelente adubo.

Plantei o caroço com a polpa ruim e as cascas. Depois de alguns anos, pude comer muitos abacates deliciosos. Algumas pessoas veem apenas os problemas; outras olham para os problemas e veem oportunidades. Elas analisam os problemas e procuram descobrir as vantagens, as oportunidades ocultas, aproveitam essas oportunidades, e transformam o mal em bem.

Tomando uma folha de papel, desenhei um círculo e dividi-o ao meio. Pintei a metade direita de branco e a esquerda de preto. Ao lado da metade escura, escrevi "defeitos" e na outra metade "virtudes".

– O que você está vendo? – perguntei.

– Estou vendo um círculo, que tem uma parte branca e outra preta – respondeu.

– Essa figura representa o nosso ser. Somos como essa figura, temos virtudes e defeitos. Quando eu digo que me sinto uma pessoa má, feia e cheia de defeitos é porque estou focando o meu lado escuro. Porém, quando me sinto bem e vejo que tenho qualidades e várias coisas que aprecio em mim, estou focando o meu lado claro.

– Quer dizer que eu estou olhando somente os meus defeitos, estou vendo somente o meu lado escuro?

– Sim! Você precisa olhar mais para o seu lado claro! – afirmei. Deixe de olhar tanto para os defeitos, e procure conhecer melhor as suas virtudes, as suas aptidões, para desenvolvê-las e usá-las melhor, para o seu crescimento pessoal e profissional. Quase tudo nesta vida tem vantagens e desvantagens, até mesmo o que consideramos apenas um problema.

– Tenho apenas 1,58m e não posso crescer mais. Tenho que conviver o resto da vida com essa minha baixa estatura. Você não acha isso horrível?

– Não, não acho – respondi, enfático. Como eu disse anteriormente, tudo tem vantagens e desvantagens. Creio que você está focando apenas as desvantagens de ser uma pessoa de baixa estatura. Se você tirar os olhos das desvantagens e focá-los nas vantagens, você vai se sentir bem melhor.

– Eu preferiria ser uma mulher alta.

– É claro que ser uma mulher alta tem diversas vantagens, mas ser baixa também tem suas vantagens. Nem sempre as mulheres altas estão satisfeitas com sua aparência. Conheci uma moça bonita, com 1,75m, que era a mulher mais alta de sua turma. Mais alta do que alguns rapazes de seu grupo. Sabendo que ela não gostava de sua estatura, talvez, por não desejar casar-se com um rapaz mais baixo do que ela, sempre que a via eu a cumprimentava:

– Bom dia "top"!

– "Top"? Por que "top"?

– Porque você é *top model*. É alta e bonita como as melhores modelos.

– Não gosto de minha altura – ela sempre respondia.

- Veja, as modelos mais famosas e bem-sucedidas, como Gisele Büdchen, Ana Hickmann, Luciana Gimenez são altas e bonitas como você!

Aos poucos ela foi se acostumando com os cumprimentos e depois passou até a demonstrar certo orgulho quando eu a chamava de *top model*. Posteriormente, eu soube que ela havia-se casado com o rapaz mais baixo de sua turma, pelo qual ela era apaixonada.

E que vantagem tem a mulher em ser baixinha como eu? – Lílian perguntou.

– Você gostaria de casar-se com um homem baixo ou um homem alto? – perguntei.

– Com um homem alto, é claro. Eu adoro homens altos.

– Você já notou que a maioria das mulheres baixas se casam com homens altos?

– É verdade! Eu ainda não tinha notado, mas, agora que você falou, eu me lembrei de uma notícia que li, há algum tempo, sobre o namoro do ex-jogador de basquete Shaquille O'Neal, com 2,16m, com Nicole Alexander, com 1,58m.

– Se você observar com atenção – continuei – vai notar que a mídia está sempre divulgando notícias de mulheres pequenas, que namoraram ou foram casadas com homens bem mais altos, como é o caso do casal David e Victoria Beckham. Se você procurar na Internet, vai encontrar muitos outros casais bem diferentes quanto às respectivas estaturas.

– Concordo com você, com relação à nossa vantagem de atrair homens mais altos, mas será que existe mais alguma vantagem em sermos mais baixas?

– Sim, e uma delas é bastante valorizada pelas mulheres. Estou me referindo à idade.

– Idade? Como assim?

– Mas essa é outra questão. Eu preciso sair agora, e você precisa trabalhar. Que tal deixarmos isso para amanhã?

– Ótimo! Espero por você, amanhã, a essa mesma hora. Pode ser?

– Combinado, então. Continuaremos amanhã.

9. Tudo é relativo

Cabe a nós escolhermos o que é melhor para a nossa vida

A mim, compete escolher o que deve ocupar o meu pensamento: o bem ou o mal. Posso concentrar-me no bem ou no mal existente em cada circunstância ou pessoa. O meu estado emocional depende da minha escolha. Se eu me fixar no mal que há no mundo, o meu emocional vai ficar abalado. Se eu retiver somente aquilo que é bom, meu emocional estará mais equilibrado.

Eu estava falando com Lílian, a Gerente de Produção, acerca das vantagens de ser uma mulher de baixa estatura. Mostramos como as mulheres pequenas conseguem atrair homens bem altos. Nesse momento ela me disse:

Concordo com você, com relação à nossa vantagem de atrair homens mais altos, mas será que existe mais alguma vantagem em sermos menores?

– Sim, e uma delas é bastante valorizada pelas mulheres. Estou me referindo à idade.

– Idade? Como assim?

– Ora, a maioria das mulheres pequenas aparentam ter menos idade do que elas realmente têm.

– Ah! Então, é por isso?! Quando eu digo que tenho 28 anos, as pessoas não acreditam e geralmente me dizem: "Com essa cara?! Não! Acho que você não tem nem 20 anos".

– Outra vantagem é o sentimento de segurança.

– Segurança? Não entendi!

– Todos nós gostamos de nos sentir seguros e protegidos. Você já notou como os homens tendem a proteger mais as mulheres pequenas?

– Sim! É verdade. Eu mesma sinto que a maioria dos meus colegas querem me proteger. Mas isso não é comum a todas as mulheres?

– Sim, mas esse sentimento paternal é mais forte em relação às mulheres pequenas. Talvez, porque, pela sua pequena estatura, elas se assemelhem mais às crianças e pareçam mais frágeis, mais indefesas.

– Você me convenceu – afirmou Lílian. Por que eu não vi isso antes?

– Porque você estava olhando somente para o lado escuro da questão, estava focando apenas as desvantagens. Quando começamos a discutir o assunto, você tirou o foco das desvantagens e começou a ver as vantagens. Devemos seguir os conselhos do Apóstolo Paulo, em sua Carta aos Filipenses, que diz: "Encham a mente de vocês com tudo o que é bom e merece elogios, isto é, tudo o que é verdadeiro, digno, correto, puro, agradável e decente" (Fp 4:8, NTLH).

Talvez existam coisas em nosso lado escuro que não possamos mudar, tais como as nossas características genéticas: mas, olhar para o nosso lado claro é uma opção e isso nós podemos fazer. Neste mundo tudo é relativo. Não existe nada totalmente bom, nem totalmente mau. Talvez eu não possa mudar as circunstâncias, mas, a mim, compete a escolha entre ver o bem e o mal existentes nelas; dessa escolha depende o meu estado emocional.

– Eu tenho dificuldade em aceitar minhas deficiências – Lílian argumentou. Certa vez, eu fui com uma amiga à reunião de um grupo de autoajuda e ouvi uma prece que pedia a Deus resignação para aceitar as coisas que não podem ser mudadas.

– É uma prece muito bonita – continuei. Chama-se "Oração da Serenidade". Foi escrita em 1943, por um homem chamado Reinhold Niebuhr. As palavras nela contidas são muito significativas para aqueles que estão em busca de paz, nos momentos difíceis de suas vidas; por isso, ela é muito usada por grupos de ajuda mútua. A vida tem coisas boas e más. Algumas das coisas más nós podemos modificar, outras, não. Com relação àquelas que não podemos modificar, devemos ter a serenidade necessária para aceitá-las. A nós, compete olhar para as coisas boas da vida e sermos felizes ou olhar para as coisas que nos parecem más, contudo, não podemos modificar e, insatisfeitos ou até mesmo revoltados, ficarmos deprimidos e infelizes.

A "Oração da Serenidade" diz o seguinte: "Concedei-me, Senhor, a serenidade necessária para aceitar as coisas que não posso modificar, coragem para modificar aquelas que posso, e sabedoria para distinguir umas das outras".

– É uma prece muito bonita – Lílian afirmou.

– Conheci uma mulher elegante e bem-sucedida – continuei – que tinha um trabalho social em uma das comunidades mais violentas de sua cidade. Seu pai era de origem nórdica e, por isso, tinha pele branca, olhos claros e cabelos louros. Sua mãe, uma senhora bonita, era afrodescendente e tinha a pele escura. Seu pai fora casado, pela primeira vez, com uma descendente de europeus e com ela tivera quatro filhos. Ao enviuvar, ele se casou com a mãe daquela mulher. Os irmãos e irmãs dela eram brancos, de olhos claros. Ela ficou órfã de mãe, logo após o nascimento. Assim, na sua família, somente ela tinha a pele escura. Cresceu revoltada e insatisfeita com a sua cor. Muitas vezes se perguntava: "Por que só eu nasci assim?". Ela cresceu e tornou-se uma mulher bem-sucedida, mas inconformada com a sua condição. Olhando ao redor, viu que havia muitas pessoas em condições piores do que a dela, pois, ela crescera em um ambiente familiar equilibrado e tivera uma boa educação. Estudara nos melhores colégios, o que a ajudou a vencer na vida. Resolveu, então, fazer alguma coisa para ajudar os menos favorecidos. Como possuía recursos, procurou uma das comunidades mais violentas da cidade e lá iniciou um trabalho social, de apoio às crianças carentes. Estava feliz por ver o desenvolvimento daquelas crianças, que agora tinham uma nova perspectiva de vida.

Um dia, envolvida naquele trabalho com as crianças, ela ficou naquela comunidade, até mais tarde. Quando voltava para casa, já tarde da noite, sozinha, caminhando pelas ruas estreitas daquele lugar, pensou: "Eu posso entrar aqui, a qualquer hora do dia ou da noite e caminhar com segurança por essas vielas. Já pensou se eu fosse loura de olhos claros como meus irmãos? Minha irmã não poderia entrar aqui, pois, certamente seria assaltada e, possivelmente, molestada ou morta". Naquele momento, ela compreendeu que, para tudo, Deus tem um propósito na vida das pessoas. Se ela fosse igual aos seus irmãos, jamais teria tido a oportunidade de realizar um trabalho tão nobre e gratificante quanto o que estava realizando.

Terminamos a nossa conversa, Lílian levantou-se, olhou-me com um olhar de gratidão, abraçou-me e disse:

– Muito obrigada! Você me ajudou a ver as coisas de modo diferente. A partir de agora, creio que vou olhar mais para o lado bom da vida. Vou procurar ver as crises de modo positivo. Quero identificar e aproveitar as oportunidades ocultas nos problemas.

A partir daquele dia, sempre que a encontrava, eu procurava alguma coisa digna de nota e a elogiava, olhando-a nos olhos. Essa minha atitude contribuiu para elevar a sua autoestima, de tal forma que, agora, frequentemente a vejo sorrindo.

Algum tempo depois, encontrei-me com Karine e ela me disse:

– O que você fez com a Lílian? Ela não é mais a mesma. Eu agora só a vejo sorrindo, satisfeita com a vida.

– Nada – respondi –apenas apliquei um dos princípios que li, há algum tempo, em um livro.

Mas, como você deve imaginar, essa é outra história. Falaremos sobre isso depois.

10. Se atentarmos para o que há de bom nas pessoas e as elogiarmos, nossa vida será melhor

Se eu elogiar com frequência as pessoas que estão ao meu redor, alegrarei os seus corações e o mundo será melhor para mim e para elas

Algum tempo depois, encontrei-me com Karine e ela me disse:

– O que você fez com a Lílian? Ela não é mais a mesma. Eu agora só a vejo alegre e sorridente.

– Nada – respondi – apenas apliquei um dos princípios que li, há algum tempo, no livro "A Arte de Relacionar-se com as Pessoas", de Cecil Osborne, que diz: "Proporcione satisfação às pessoas e você acrescentará à sua vida uma nova e importante dimensão. Uma palavra apropriada, uma saudação afetuosa, um elogio ou reconhecimento pode proporcionar prazer e fazer uma pessoa sentir-se bem o dia inteiro". Nesse livro, Osborne ensina que devemos amar os que estão ao nosso redor. Todos têm necessidade de se sentirem importantes, de serem elogiados, incentivados e valorizados. Encontre uma necessidade humana e satisfaça-a. Assim, você semeará amor e colherá em abundância o que plantou.

– Pelo visto, esse princípio surtiu efeito, porque a Lílian, hoje, não é mais aquela pessoa triste. Sempre a vejo alegre e sorridente.

Passado algum tempo, Lílian me procurou no escritório:

– Estou com um problema com o chefe do Setor de Logística. Tudo que ele faz é errado, nada dá certo – ela disse.

– Você deve estar frustrada e ressentida com seu Chefe de Logística – respondi.

– Ressentida? Por que você diz isso?

– Primeiro, você não se referiu a ele pelo nome; segundo, você disse: "tudo" está errado e "nada" dá certo. "Tudo", "nada", "nunca" e "sempre" são palavras que indicam extremos, e os extremos quase sempre conduzem a erro. A sabedoria está no equilíbrio, na moderação.

– Tem razão. É que eu estou decepcionada e perdi a paciência com o João Paulo.

– Criar expectativas elevadas acerca das pessoas causa problemas para nós e para os outros. A afirmação mais significativa que já ouvi sobre a decepção foi escrita por um amigo que se autodenomina Cerne D'Aroeira. Em sua simplicidade e sabedoria ele me disse: "Decepção é a diferença entre a realidade e o que você acha que deveria ser.

Portanto, decepção é um pecado de quem se decepciona e não de quem decepciona".

– Quer dizer que eu sou responsável por minha decepção?

– Digamos que você é responsável pelas expectativas que você cria. Você criou expectativas acerca do trabalho do João Paulo; expectativas para as quais ele não estava preparado, mas creio que ele poderá alcançá-las e até superá-las.

– O que eu posso fazer para ajudá-lo a alcançar melhores resultados?

– Uma das características do bom chefe é a capacidade de motivar os seus liderados a alcançarem o pleno potencial. Kenneth Blanchard e Spencer Johnson, em seu livro "O Gerente Minuto" sugerem três regras básicas, que ajudam as pessoas a desenvolverem os seus subordinados. Elas podem ser usadas por qualquer líder, em empresas, organizações, equipes e até mesmo na família. Faça o seguinte:

- Primeiro defina os objetivos – aquilo que você espera da pessoa;
- Segundo observe se a pessoa está fazendo a coisa certa e elogie;
- Finalmente, se ela sair do rumo e estiver fazendo algo errado, repreenda.

– Agora que você falou – interrompeu Lílian – vejo que falhei, quando não disse claramente ao João Paulo o que eu esperava dele, isto é, quando não defini os objetivos.

– Esse é um ponto importante que nós, às vezes, esquecemos. Até mesmo nos nossos relacionamentos pessoais, muitas vezes nos esquecemos de dizer o que esperamos das pessoas; depois começamos a reclamar, sem que elas entendam por que estão sendo cobradas. Um dos erros que o namorado ou a namorada, o esposo ou a esposa, geralmente cometem é não explicitar as suas expectativas para o parceiro. Quando isso não é atendido, tais pessoas ficam decepcionadas e começam a reclamar. A outra pessoa não consegue entender o porquê da reclamação; daí surgem os conflitos, que, se não forem resolvidos, terminarão gerando mágoas, ressentimentos e até mesmo a separação. Não seria mais fácil deixar claro o que esperamos um do outro?

– Você tem razão – disse ela. Tenho, também, falhado com o meu esposo e com meus filhos. Muitas vezes cobro de meu esposo ou repreendo meus filhos, sem antes ter dito o que esperava deles. Às vezes, crio expectativas acerca de outras pessoas, e se elas não as alcançam, eu fico decepcionada.

– É melhor não criarmos expectativas acerca de pessoas ou de coisas que não podemos controlar, para não nos decepcionarmos – argumentei.

– Vou sentar-me com o João Paulo – continuou Lílian – e definir com ele os objetivos. Depois disso, o que devo fazer?

– Depois disso, passe para segunda etapa: elogie. Procure coisas que o João Paulo esteja fazendo de forma adequada. Então, elogie-o.

– Eu tenho uma dificuldade muito grande para elogiar as pessoas – disse Lílian. Fui criada em um lar em que meus pais me criticavam muito e raramente me elogiavam. Diziam que elogio era coisa de bajulador para manipular as pessoas. Meu esposo pensa da mesma forma e nunca me elogia.

– Compreendo a sua dificuldade – respondi. Eu também já passei por essa experiência na infância, e isso influenciou a minha juventude. Aprendi, no entanto, que se eu, em vez de viver reclamando, observar cuidadosamente o que há de bom nas pessoas e elogiá-las, o mundo vai mudar para melhor, para mim e para os que estão ao meu redor. Depois que descobri a importância do elogio, tenho usado isso para ajudar as pessoas. Creio que a vida seria melhor se adotássemos a atitude de elogiar em vez de criticar, no lar, no trabalho, na escola e na sociedade. Elogiar, principalmente as mulheres, pois elas têm o lado emocional mais aguçado e, por isso, são mais sensíveis.

– Ouvindo você falar – interrompeu Lílian – lembrei-me de que, certa vez, eu estava participando de uma reunião com meus amigos e alguém, citando as palavras de um homem sábio, disse que, se as nossas palavras fossem agradáveis à pessoa com quem falamos, elas poderiam alegrar o seu coração e nós a ajudaríamos a vencer a tristeza de sua alma.

– É verdade – respondi. Esse conselho encontra-se no Livro de Provérbios, do sábio Salomão. Ele disse: "Palavras agradáveis são doces como mel, são doces ao paladar e trazem cura para a alma" (Pv 16:24, NBV).

– Eu tenho uma dúvida! Elogiando o João Paulo, para que ele melhore o seu desempenho, eu não o estaria manipulando? – Lílian perguntou.

– Existe uma diferença entre "elogio" e "lisonja" – respondi – que eu gostaria de explicar, mas já estamos na hora do almoço. Poderíamos continuar nossa conversa depois do almoço?

– Ótimo! Vamos almoçar e depois continuaremos.

11. Os elogios sinceros ajudam as pessoas a desenvolverem seu potencial

As críticas constantes destroem a autoestima e prejudicam a pessoa criticada

Depois do almoço, voltamos para o escritório e Lílian voltou a perguntar:

– Elogiando o João Paulo para que ele melhore o seu desempenho, eu não o estaria manipulando?

– Existe uma diferença entre "elogio" e "lisonja" – respondi. O elogio deve ser sincero e desinteressado, ao passo que a "lisonja" nunca é verdadeira e tem por objetivo adular e manipular as pessoas, em benefício do próprio bajulador. O elogio é altruísta e a lisonja egoísta. Elogiando o João Paulo, você promoverá o desenvolvimento e o crescimento dele na empresa. É claro que, se ele melhorar o desempenho, o setor dele melhorará e você será beneficiada com isso; mas o principal objetivo do elogio é fazer com que o João Paulo se desenvolva e atinja o seu pleno potencial. Em seu livro "A arte de relacionar-se com as pessoas", Cecil Osborne, citando o educador americano John Dewey, diz que "o anseio mais profundo da natureza humana é o desejo de ser importante".

Os elogios fazem-nos sentir importantes; é por isso que se diz que um elogio motiva mais e produz mais resultados do que várias repreensões.

– A repreensão é importante para evitar a repetição do erro – continuei – mas, somente o elogio faz com que desejemos melhorar cada vez mais. Apesar dessas verdades, nós estamos acostumados a reclamar mais do que elogiar. Muitos gerentes, quando questionados por subordinados, que querem saber se estão agindo corretamente, respondem: "Se eu não reclamei, é porque você está fazendo a coisa certa", como se o correto fosse somente reclamar, e nunca elogiar. Infelizmente, esse comportamento é mais comum do que imaginamos.

Até em nossas famílias, os pais criticam e repreendem os filhos constantemente, e quase nunca os elogiam. Crianças que são constantemente criticadas não se sentem importantes e crescem com um profundo sentimento de inferioridade, que muitas vezes as acompanha para o resto da vida. Muitos estudiosos dizem que devemos sempre elogiar, e nunca criticar. Advertir, se necessário, mas nunca criticar. Deveríamos adotar como princípio a prática de elogiar sempre que possível e nunca criticar as pessoas. Isso não quer dizer que não devamos advertir, quando necessário, mas que devemos estar mais preocupados em elogiar do que em repreender.

– Agora posso ver quanto eu estava errada. Não me lembro de quando fiz um elogio ao João Paulo, mas o tenho criticado duramente, às vezes mais de uma vez no mesmo dia. Não conseguia mais ver as suas qualidades. Eu só via os seus defeitos. Isto tem tornado o nosso relacionamento muito difícil e tenho notado que ele está desnorteado e cada vez mais sem ânimo e desmotivado; talvez, seja por isso que o desempenho do seu setor vem caindo a cada dia. Quando tentei melhorar as coisas, mas agindo erradamente, eu só fiz com que elas piorassem cada vez mais.

– Os elogios sinceros e merecidos constroem, mas as críticas constantes destroem – continuei. Você já criticou demais. Agora dê um tempo. Não critique mais o João Paulo. Creio que ele está arrasado. Apenas o elogie. Procure pequenas coisas boas nele ou no seu setor e elogie. Deixe claro que você acredita nele e que ele é importante para a empresa. O elogio deve ser rápido, não precisa gastar muito tempo. Estabeleça um breve contato físico, isto é, toque em seu ombro ou dê-lhe um aperto de mão; em seguida, olhe-o nos olhos, e diga-lhe o que ele fez de bom. Finalizando, diga-lhe quanto você se alegra com o progresso dele ou de seu setor.

– Certa vez – continuei – recebemos um novo empregado no setor de produção, que eu chefiava. Na primeira semana de trabalho, sua média de produção foi de trezentas peças por dia, quando a média dos demais empregados era de seiscentas peças. Conversamos com ele e deixamos claro que seu objetivo era produzir seiscentas peças por dia. Na segunda semana de trabalho, ele melhorou a sua média e chegou a produzir trezentas e noventa peças por dia. Estava ainda longe do objetivo final, mas já havia aumentado a sua média de produção em quase um terço. Assim que recebi o relatório de produção, fui pessoalmente falar com ele: "Bom dia, Pedro". Apertei-lhe a mão, olhei-o nos olhos e disse-lhe: "Nesta segunda semana de trabalho, você conseguiu melhorar a sua média de produção em 30%. Parabéns!" – fiz uma pequena pausa para que ele pudesse assimilar a informação e o elogio e completei – "Estou muito feliz com o seu progresso. Tenho certeza de que você vai continuar progredindo e que vai crescer cada vez mais nesta empresa". Continuei elogiando-o a cada progresso e, dentro de pouco tempo, ele se tornou o empregado que tinha a melhor média de produção do setor. Imagine o que teria acontecido se, na segunda semana, em vez de elogiá-lo quando ele melhorou sua média de produção em apenas 30%, eu o tivesse criticado, por não ter atingido o objetivo final.

– Certamente, ele não teria progredido tanto – disse Lílian – ou, talvez, tivesse desanimado e deixado o emprego. Estou ansiosa para começar esse novo estilo de relacionamento com o João Paulo. Tenho certeza de que as coisas vão melhorar.

Lílian despediu-se e foi diretamente para a sala do João Paulo. Algum tempo depois de nossa conversa, o telefone tocou. Era Lílian:

– Estou impressionada com o progresso do João Paulo – disse.

Mas essa é outra história. Falaremos sobre isso depois.

12. O elogio sincero ajuda-nos a crescer. As críticas constantes trazem-nos desânimo.

Se eu fizer uma crítica depreciativa a um amigo posso perder o amigo. Se em vez disso eu adverti-lo das consequências de seu erro, posso livrá-lo de um problema e fortalecer a amizade

Lílian despediu-se e foi diretamente para a sala do João Paulo. Algum tempo depois da nossa conversa, o telefone tocou. Era Lílian:

– Estou impressionada com o progresso do João Paulo! Depois que apliquei os princípios que você me ensinou, ele mudou completamente. Preciso falar com você. Quando pode atender-me?

– Quando você quiser! Estou disponível agora.

– Então, estou indo aí.

Lílian adentrou na minha sala com um largo sorriso. Parecia muito feliz.

– Estou impressionada com os resultados dos princípios de gerência que você me ensinou – disse ela. Logo que saí daqui, sentei-me com o João Paulo e definimos os objetivos. Deixei bem claro o que esperava dele. Parei de criticá-lo e procurei oportunidades para elogiá-lo. Passei a elogiá-lo, à medida que ele ia progredindo. O nosso relacionamento, que estava desgastado, começou a melhorar. Hoje, temos um excelente relacionamento. Mas o melhor de tudo foi o resultado alcançado pelo seu setor. Ele não só atingiu seus objetivos como superou todas as minhas expectativas.

– Ótimo – exclamei. Estou feliz por você ter conseguido reverter a situação! Como você pôde constatar, os elogios são um incentivo ao crescimento, não só profissional como pessoal. Mas, já que você superou o problema de relacionamento com o João Paulo, agora é a hora de lembrá-la sobre aplicar a terceira regra. Não esqueça de adverti-lo, quando ele sair do rumo ou estiver fazendo algo errado.

– Mas eu tenho medo de criticá-lo e as coisas voltarem ao que eram – respondeu ela, pensativa.

– Você não deve criticá-lo, mas precisa adverti-lo quando necessário.

– E qual a diferença entre criticar e advertir?

– A palavra "crítica" está popularmente muito desgastada. Pode significar censura, julgamento, descompostura e até maledicência. Nos relacionamentos pessoais eu faço distinção entre "crítica" e "advertência". A crítica *condena a pessoa* que se comportou inadequadamente, enquanto a advertência *condena o que a pessoa fez indevidamente*. O foco da crítica é a pessoa, enquanto o foco da advertência é o erro. Certa vez eu tive de advertir um funcionário cujo desempenho estava caindo, supostamente por problema de bebida. Eu poderia criticá-lo dizendo: "José, você é um alcoólatra, isso está prejudicando seu desempenho na empresa! Se você não parar de beber, vou demiti-lo!". Dessa forma, eu estaria atacando o José. É por isso que a crítica é destrutiva. A tendência natural do José seria adotar uma atitude defensiva e tentar provar que não era um alcoólatra. Essa forma de resolver o problema gera discussão, produz polêmica e não leva a nenhum resultado prático.

– Certo! E como é que devemos advertir?

– Advertir significa avisar, acautelar, prevenir, admoestar, reparar ou aconselhar. Quando se está investido de autoridade, como os gerentes, em relação a seus subordinados, ou os pais, em relação a seus filhos, a advertência representa a forma correta de repreender. Ela deve focar o comportamento inadequado da pessoa. No caso do José, em vez de abordá-lo daquela forma, eu o chamei à parte, em meu escritório e lhe disse:

– José o desempenho de seu setor vem caindo ultimamente. Algumas pessoas têm dito que você tem bebido com frequência. Isso é verdade?

– Sim, eu tenho saído com meus amigos e você sabe como é, não?! Nesses encontros sempre rola alguma bebida!

– A realidade é que você tem bebido com muita frequência ultimamente – continuei. Apesar de não beber durante o expediente, isso tem afetado o seu desempenho na empresa. Essa situação tem piorado a cada dia. Estou aborrecido, porque o seu setor não tem atingido as metas. Acho que você deve procurar ajuda, porque, se as coisas continuarem do jeito que estão, você vai terminar perdendo o seu emprego.

Fiz uma pausa para que ele refletisse na gravidade da situação. Ele ficou pálido e perturbado. Depois de alguns segundos, levantei-me, pus a minha mão sobre o seu ombro e continuei:

– Mas isso seria uma pena, porque você é um ótimo funcionário. Antes do problema com a bebida, seu desempenho era muito bom. Você é uma pessoa inteligente, esforçada, de bom relacionamento e tem tudo para crescer dentro da empresa. Eu acredito em você. Tenho certeza de que você vai superar esse problema.

– Ele sorriu aliviado e disse:

– É! Vou procurar ajuda.

A esposa dele ajudou-o a procurar um grupo de autoajuda, que ele passou a frequentar regularmente. Depois de algum tempo, voltou a ser o funcionário eficiente que era antes.

– Vista dessa forma, como você apresentou, – disse Lílian – a advertência parece algo positivo e eficaz.

– Se você observar, existe uma sequência que deve ser seguida nesse tipo de advertência:

– Antes de tudo, a advertência deve ser feita em particular. Elogios, sempre que possível, devem ser feitos em público, mas advertências, nunca.

– Segundo, cerifique-se de que a pessoa cometeu o erro, para, então adverti-la.

– Terceiro, diga o que você sentiu, focando o erro, em vez de atacar a pessoa que o cometeu. Olhando nos olhos da pessoa, diga: - Eu fiquei zangado, fiquei triste, senti-me decepcionado com isso que aconteceu.

– Quarto, após fazer uma pausa para que a pessoa possa refletir sobre o que fez de errado, coloque a mão no ombro dela, significando que, apesar de seu erro, você está disposto a apoiá-la, e termine a advertência com um elogio. Elogie as suas qualidades. Diga-lhe que você acredita nela e que espera o melhor dela.

– Feita dessa forma – continuei – a advertência evita o sentimento de culpa, que leva a uma atitude de defesa e gera apenas discussões e não resultados. Leva a pessoa a pensar: "Eu continuo sendo uma pessoa legal para meus superiores, mas meu comportamento não foi legal. Meus superiores confiam em mim e não posso decepcioná-los. Não devo mais cometer esse erro".

– Não entendi bem essa segunda etapa – disse Lílian. Será que é necessário mesmo confirmar com a pessoa se ela cometeu o erro?

– Sim! Precisamos ter cuidado para não advertir a pessoa injustamente. Certa vez, disseram-me que um funcionário havia levada para casa um grampeador da empresa. Isso nunca havia acontecido antes, por isso, eu fiquei deveras aborrecido. Encontrei o funcionário no refeitório e repreendi-o em público, sem antes me certificar se aquilo era verdade.

Mais tarde, esse funcionário me procurou em minha sala e me explicou que estava precisando de um grampeador e, como gostara dos grampeadores que usávamos na empresa, comprara um igual para usar em sua casa. Tirando um papel do bolso, mostrou-me a fatura do grampeador. Fiquei envergonhado pelo erro que cometi. Pensei em me desculpar em particular para não comprometer a minha imagem, mas como meu erro fora público e comprometera injustamente a imagem do funcionário, tive que reunir o pessoal e publicamente pedir perdão à pessoa injustiçada. Inicialmente pensei que, ao reconhecer publicamente o meu erro, minha autoridade ficaria abalada perante a equipe, mas o que aconteceu foi justamente o contrário. Todos se sentiram mais seguros e confiantes em trabalhar comigo, sabendo que eu não cometeria injustiças contra eles e que estaria disposto a retroceder, quando cometesse algum engano.

– Entendi! A partir de agora, em vez de criticar, passarei a advertir os meus funcionários de maneira correta. Mas... esse método pode ser usado para outros tipos de relacionamento? – perguntou Lílian.

– Esse método pode ser usado em qualquer tipo de relacionamento, principalmente, no relacionamento familiar.

Mas, amanhã, estarei de férias da universidade e irei passá-las em minha cidade. No próximo ano, quando eu voltar para concluir o mestrado, poderemos conversar mais sobre esse e outros assuntos.

Bibliografia

ALEXANDER, Dan. *Lágrimas Secretas*. São Paulo: Editora Mundo Cristão, 1999.

BAKER, Mark. *Jesus o Maior Psicólogo que já Existiu*, 7ª ed. Rio de Janeiro: Sextante, 2005.

CARNEGIE, Dale. *Como Fazer Amigos e Influenciar Pessoas*, 28ª ed. São Paulo: Companhia Editora Nacional, 1973.

CHAPMAN, Gary. *As 5 Linguagens do Amor*, 3ª ed. São Paulo: Editora Mundo Cristão, 2013.

CURY, Augusto. *Você é insubstituível*. Rio de Janeiro: Editora Sextante, 2006.

JOHNSON, Spencer. *Quem mexeu no meu Queijo*, 58ª ed. Rio de Janeiro: Editora Record, 2009.

HUNTER, James C. *O Monge e o Executivo*, 25ª ed. Rio de Janeiro: Editora Sextante, 2004.

HUNTER, James C. *De volta ao Mosteiro – O Monge e o Executivo Falam de Liderança e Trabalho em Equipe*. Rio de Janeiro: Sextante, 2015.

HUNTER, James C. *Como se Tornar um Líder Servidor – os Princípios de Liderança de O Monge e o Executivo*. Rio de Janeiro: Editora Sextante.

McDOWELL, Josh. *A Diferença que o Pai Faz*, 3ª ed. São Paulo: Candeia, 2001.

WILLIAM, Young. *A Cabana*. Rio de Janeiro: Editora Sextante, 2008.

OSBORN, Cecil. *A Arte de Relacionar-se com as Pessoas*, 3ª ed. Rio de Janeiro, Editora JUERP, 1990.

BLANCHARD, Kenneth e JOHNSON, Spencer. *O Gerente Minuto*, 28ª ed. Rio de Janeiro: Editora Record, 2007.

Lili site: Medina, Vilma, 11 de abril de 2011, Origem e significado dos nomes de bebês, Letra L: https://br.guiainfantil.com/nomes-de-bebes/168-significados-e-origem/272-origens-e-significados-dos-nomes-de-bebes-letra-l.html

www.ingramcontent.com/pod-product-compliance
Lightning Source LLC
LaVergne TN
LVHW091619170726
843492LV00007B/2500
* 9 7 8 6 5 0 0 0 9 4 8 0 0 *